BEI GRIN MACHT SICH IHR WISSEN BEZAHLT

- Wir veröffentlichen Ihre Hausarbeit, Bachelor- und Masterarbeit

- Ihr eigenes eBook und Buch - weltweit in allen wichtigen Shops

- Verdienen Sie an jedem Verkauf

Jetzt bei www.GRIN.com hochladen und kostenlos publizieren

Bibliografische Information der Deutschen Nationalbibliothek:

Die Deutsche Bibliothek verzeichnet diese Publikation in der Deutschen Nationalbibliografie; detaillierte bibliografische Daten sind im Internet über http://dnb.d-nb.de/ abrufbar.

Dieses Werk sowie alle darin enthaltenen einzelnen Beiträge und Abbildungen sind urheberrechtlich geschützt. Jede Verwertung, die nicht ausdrücklich vom Urheberrechtsschutz zugelassen ist, bedarf der vorherigen Zustimmung des Verlages. Das gilt insbesondere für Vervielfältigungen, Bearbeitungen, Übersetzungen, Mikroverfilmungen, Auswertungen durch Datenbanken und für die Einspeicherung und Verarbeitung in elektronische Systeme. Alle Rechte, auch die des auszugsweisen Nachdrucks, der fotomechanischen Wiedergabe (einschließlich Mikrokopie) sowie der Auswertung durch Datenbanken oder ähnliche Einrichtungen, vorbehalten.

Impressum:

Copyright © 2016 GRIN Verlag
Druck und Bindung: Books on Demand GmbH, Norderstedt Germany
ISBN: 9783668891951

Dieses Buch bei GRIN:

https://www.grin.com/document/453176

Natalie Köcher

Werbesprache in Zeitungs- und Zeitschriftenanzeigen

GRIN Verlag

GRIN - Your knowledge has value

Der GRIN Verlag publiziert seit 1998 wissenschaftliche Arbeiten von Studenten, Hochschullehrern und anderen Akademikern als eBook und gedrucktes Buch. Die Verlagswebsite www.grin.com ist die ideale Plattform zur Veröffentlichung von Hausarbeiten, Abschlussarbeiten, wissenschaftlichen Aufsätzen, Dissertationen und Fachbüchern.

Besuchen Sie uns im Internet:

http://www.grin.com/

http://www.facebook.com/grincom

http://www.twitter.com/grin_com

Johannes Kepler-Gymnasium Reutlingen
GFS im Fach Deutsch
30.05.2016

Werbewelten - Werbesprache:
Die Sprache am Beispiel von Zeitungs- und Zeitschriftenwerbung

Natalie Köcher

Inhaltsverzeichnis

1. Einleitung 3
2. Erklärung / Erläuterung 3
3. Werbestrategien 5
3.1 Unser Konsumverhalten 6
4. Analyse einer Werbung 7
4.1 Das Janich- Modell 7
4.2 Beispiel 10
5. Schlussbetrachtung 12
6. Literatur- und Quellenverzeichnis 13

1. Einleitung

Werbung begegnet uns überall im Laufe des Tages. Nicht nur zu Hause, wenn man morgens die Zeitung liest, mittags im Internet surft oder abends fernsieht, sondern auch draußen auf Plakaten oder Bussen. Viele sind der Meinung, sie verführe und manipuliere unter anderem durch Lügen und leere Versprechen.

Ziel der Werbung ist es, dass sich die potenziellen Kunden an die Werbung und das Produkt gut erinnern und dass das Produkt individuell wirkt und so den Produkten der Konkurrenz überlegen erscheint. Außerdem sollte der Kunde genug Informationen über das Produkt und seine Funktions- und Wirkungsweise erhalten, um das Produkt kaufen zu wollen.

In der GFS arbeite ich heraus, wie eine Werbung aufgebaut ist und welche Rolle die Sprache dabei spielt.

2. Erklärung / Erläuterung

Die Werbesprache umfasst alle verbalen und nonverbalen Kommunikationsmittel, die in der Werbung verwendet werden, damit der Kontakt zwischen dem Produzenten und dem Kunden hergestellt wird.

Eine gute Werbesprache erklärt den Inhalt der Werbung simpel und bildhaft, damit er besser in Erinnerung bleibt.

In der Werbung wird die Sprache ganz bewusst gewählt und eingesetzt, um eine bestimmte Wirkung zu erzielen, wie zum Beispiel Aufmerksamkeit erregen durch Provokation oder witzig sein. Dadurch bleibt das Produkt länger im Gedächtnis der Konsumenten und erhält einen Wiedererkennungswert, was schließlich zum Kauf des Produktes führen soll.

Für die Headline und den Slogan zum Beispiel, werden oft stilistische Mittel benutzt, um für den Kunden die Werbung interessant zu machen. So verwendet Ahoi Brause den Imperativ: „Mach was Prickelndes!", um den Kunden direkt anzusprechen. Wohingegen Actimel eine Alliteration benutzt: „Actimel aktiviert Abwehrkräfte", da sich so die Information leichter einprägen lässt, als durch eine sachliche Erläuterung.

Weitere Beispiele sind:

Ellipsen, unter anderem in der Peugeot Werbung: „ Peugeot - mit Sicherheit mehr Vergnügen." und Reime wie „ Almighurt von Ehrmann, keiner macht mich mehr an.", die den Lesefluss erleichtern.

Eine Klimax („Gut. Besser. Paulaner."), eine Superlative („Kellog's - das Beste jeden Morgen") oder eine Übertreibung („FA - die unendliche Frische") heben das Werbeobjekt von der Konkurrenz hervor und stellen das Produkt als einzigartig gut dar.

Da Werbungen im Gedächtnis bleiben sollen, bietet sich ein Asyndeton gut an. Durch die einfache Aneinanderreihung der Wörter: „Ritter Sport – Quadratisch. Praktisch. Gut." lässt sich der Slogan gut einprägen. So auch Metaphern wie „ Red Bull verleiht Flügel", die die Fantasie der Kunden anregen und dadurch leichter zu merken sind.

Rhetorische Fragen („Warum wollen Sie sich mit weniger zufrieden geben?") sowie direkte Anreden und Appelle an die Kunden („Du kannst - Amnesty International") regen diese zum Nachdenken an.

Auch Redewendungen („Phraseologismen") und Sprichwörter werden manchmal verwendet, da diese bei vielen Rezipienten schon bekannt sind, somit eine positive emotionale Wirkung auslösen und sich die Rezipienten besser an die Werbung erinnern können.

Das beworbene Produkt wird meist durch Adjektive und Eigenschaften wie glanzvoll, luxuriös, intensiv und sinnlich aufgewertet.

Eine andere Wirkung wird durch die Verwendung von Dialekten hervorgerufen. Der Verbraucher fühlt sich durch seine Heimatverbundenheit besonders angesprochen, wenn die Werbung in dem entsprechenden Dialekt geschrieben ist. Als Beispiel hierfür lässt sich die Werbung für das „Seitenbacher Müsli" anführen, mit dem sich die Schwaben gut identifizieren können.

Andererseits ist es auch von Vorteil, wenn die Werbung mit englischem Slogan oder Anglizismen geschmückt ist, da der Konsument so erkennt, dass die Marke international vertreten und weltoffen ist.[1]

Doch da nicht jeder die englische Sprache beherrscht, ist es auch wichtig zu beachten, an wen sich die Werbung richtet. Die jüngeren Menschen verstehen Englisch meist besser als ältere, das heißt, die jüngeren Menschen wären überzeugter von der Werbung. Die Zielgruppe ist also auch ein entscheidender Faktor für die Sprache. Werbungen für Autos oder Baumärkte versuchen durch klare, sachliche Aussagen, Abenteuer und praktischen Nutzen vor allem die Männer auf die Werbung aufmerksam zu machen, während Kosmetik- und Lebensmittelwerbung durch Emotionalität Frauen ansprechen soll.

---

[1] Verlag an der Ruhr: Uwe-Carsten Edeler - Wie man Werbung macht, 2004

3. Werbestrategien

Die Werbung benutzt neben der Sprache noch eine Vielzahl anderer Strategien, um die Kunden von ihrem Produkt zu überzeugen. Sie zielen je nach Produktart und Zielgruppe darauf ab, Wünsche und Bedürfnisse zu wecken oder Lösungen für Probleme zu suggerieren. Mit einer Werbestrategie wird nicht nur die Aufmerksamkeit auf das Produkt gelenkt, sondern auch dafür gesorgt, dass die Marke unverwechselbar im Gedächtnis der Kunden bleibt. Wegen der hohen Anzahl an Werbung in unserem Alltag ist es außerdem sehr wichtig, sich von den anderen Anzeigen und Spots markant und originell abzuheben[2]. So wird das Image einer Marke gestärkt, zum Beispiel durch Agenturen, die darauf spezialisiert sind, die Marke aufzuwerten, oder durch Werbung, die die Qualität der Marke hervorhebt. Schließlich soll der Kaufwunsch geweckt und der Konsum des Produkts angeregt werden.

Dies gelingt zum Beispiel mit folgenden Mitteln:

Bilder, Farben, Musik und Logos ziehen vor allem die erste Aufmerksamkeit auf das Produkt. Je besser diese Mittel eingesetzt werden, desto tiefer prägt sich die Werbung im Gedächtnis der Konsumenten ein. Im besten Fall gelingt es, dass allein eine Melodie (z.B. Telekom), ein Bild oder eine Person (z.B. Rainer Calmund für „fluege.de") automatisch mit einem Produkt in Verbindung gebracht werden.

Viele Werbungen erlangen durch Provokationen oder Aussagen, die zum Nachdenken anregen, die erwünschte Aufmerksamkeit der Kunden.
Emotionale Reize wie Glück, Gesundheit oder Karriere [3] suggerieren ein erfolgreicheres und glücklicheres Leben durch den Besitz dieses Produktes. Diesen Zweck erreicht man auch, indem Prominente das Produkt bewerben. Hierbei wird der Eindruck erweckt, dass man sich einen Teil des vermeintlich schönen und sorgenfreien Prominentenlebens erkaufen könne.
Auch Geschenke des Herstellers wie Rabatte, Boni oder Gewinnspiele können den Kunden zum schnellen Kauf verführen und an das Produkt binden.
Zusammenfassend lässt sich also sagen, dass eine Werbung erst aufmerksam machen, dann Interesse und den Kaufwunsch wecken möchte und zuletzt versucht, den Kunden zu überzeugen, sein Produkt zu kaufen. Dies lässt sich mit dem AIDA

---

[2]http://www.zaw.de/doc/Emotionen-Frankfurt-6-06.pdf
[3]Verlag an der Ruhr: Uwe-Carsten Edeler - Wie man Werbung macht, 2004

Prinzip beschreiben: **A**ttention, **I**nterest, **D**esire, **A**ction. [4]

Die Werbesprache unterstützt mit ihrer Vielzahl an stilistischen Möglichkeiten diese Strategien. Eine überzeugende Werbeanzeige besteht aus einer knappen Botschaft, die auf den ersten Blick deutlich wird.

Die Werbesprache kann Vertrauen zu dem Produkt aufbauen, indem sie durch Kontinuität auf die Beständigkeit und Zuverlässigkeit des Produkts hinweist. Schaut man sich die „Yougurette"-Werbung aus den 70er Jahren im Vergleich zu der aktuellen Werbung an, fällt auf, dass sowohl die Motive und Geschichten als auch die Texte im Spot über die Jahrzehnte fast gleich geblieben sind. Das Design des Schokoriegels, die junge, sportliche Frau, die ihre persönliche Vorliebe für das Produkt und dessen Vorteile erklärt, die Fröhlichkeit und Unbeschwertheit. All diese Faktoren, die den Schokoriegel definiert haben, sind kontinuierlich als Markenzeichen präsent.

Eine weitere Strategie, mit der Werbung funktioniert, ist, das Werbeprodukt scheinbar sachlich und objektiv darzustellen, indem zum Beispiel Fachwörter benutzt werden. Es ist jedoch nicht zu leugnen, dass Werbung nicht objektiv sein kann, da nur die positiven Aspekte über das Produkt genannt werden. Es soll schließlich auch verkauft werden. Diese Schein-Objektivität vermittelt den Eindruck von Glaubwürdigkeit und Zuverlässigkeit.

Eine früher häufiger verwendete Werbemethode ist der Dialog zwischen einem Kunden des Produktes oder einem Fachmann (z.B. ein Zahnarzt, der eine bestimmte Zahnbürste empfiehlt) und einem Unwissenden. Der Kunde oder Fachmann erklärt seinem Dialogpartner die Vorzüge des Produktes, die den Zuschauer überzeugen sollen.[5]

Andersherum werden auch durch Bezeichnungen wie „Kenner" oder „Genießer" die Konsumenten des Produkts auf eine übergeordnete Position gestellt zu denen, die das Produkt nicht konsumieren („Kenner trinken Württemberger!").

3.1 Unser Konsumverhalten

Unser Konsumverhalten basiert auf Bedürfnissen, aus denen Wünsche entstehen. Durch die ständige Anwesenheit von Werbung in unserem Alltag neigen wir dazu,

---

[4]Verlag an der Ruhr: Uwe-Carsten Edeler - Wie man Werbung macht, 2004

[5]http://www.teachsam.de/pro/pro_werbung/werbesprache/pro_werbung_spr_0.htm

uns dieses beworbene Produkt zu wünschen, werden so also tatsächlich in unserem Konsum beeinflusst und manipuliert. Manchmal ist es die Person in der Werbung, die Eigenschaften besitzt, die man selbst gerne hätte, und so den Wunsch erweckt, dieses Produkt zu besitzen.

Sobald wir unüberlegt kaufen, versuchen, unsere Probleme durch den Konsum zu bewältigen oder sonst ein innerer Zwang der Grund für den Konsum ist, handelt es sich um einen „problematischen Konsum"[6]. Von einem „gelungene Konsum" spricht man, wenn durch den Kauf ein langersehnter Wunsch erfüllt oder Notwendiges beschafft wird. Die Werbung verführt zu unüberlegtem Handeln und dem schnellen Kaufakt, ist also meist verantwortlich für den problematischen Konsum.

4. Analyse einer Werbung

Zur Analyse einer Werbung gibt es verschiedene Vorgehensweisen. Ich werde mich im Folgenden auf das Modell von Nina Janich aus dem Jahre 1999 konzentrieren. Das Janich Modell besteht aus 3 Analysestufen und 3 Synthesestufen.

4.1 Das Janich- Modell[7]

In der Analysestufe 1 geht es um die Skizzierung der textexternen Faktoren.

Man untersucht zum Beispiel welche Branche wirbt, ob die Werbung regional, landesweit oder international geschalten wird, ob es sich um Verbrauchsgüter oder langlebige Produkte handelt und ob es Konkurrenten zu dem Produkt gibt.

Außerdem setzt sich man sich damit auseinander, ob das Werbeobjekt neu auf dem Markt vorgestellt wird oder ob es schon ein bekanntes Produkt ist, das nur wieder in Erinnerung gerufen werden soll. Welche Zielgruppe wird angesprochen? Wird rational und sachlich oder emotional geworben?

Zuletzt kann man sich damit beschäftigen, was die Aufmerksamkeit auf die Werbung zieht. Was springt zuerst ins Auge?

Die Analysestufe 2 beschäftigt sich mit der Struktur, der Form und dem Aufbau der Anzeige: Welche Textteile sind enthalten? Gibt es einen Text und eine Headline oder nur ein Bild mit Headline? Man untersucht nun die Funktion der einzelnen Textteile

---

[6]Blatt, www.verbraucherbildung.de

[7]http://www.teachsam.de/pro/pro_werbung/werbesprache/pro_werbung_spr_0.htm

und wie sie sprachlich gestaltet sind. Fallen stilistische Mittel oder Fachwörter auf oder ist der Satzbau in besonderer Weise gestaltet?
Als nächstes betrachtet man das Bild. Möglicherweise lassen sich auch hier ein paar Besonderheiten entdecken. Wenn das Produkt darauf abgebildet ist, wie und wo ist es platziert? Ist es auffällig oder nur im Hintergrund?

In der Analysestufe 3 geht es um den Inhalt und die Bedeutung der Textteile.
Wird in dem Text Information über das Produkt oder seine Leistung übermittelt? Handelt es sich bei der Leistungsinformation um emotionale oder sachliche Leistung? (siehe Tabelle)[8] Somit wird der Unterschied zwischen bloßer Produkbeschreibung und Werbung deutlich.

---

[8] http://www.teachsam.de/pro/pro_werbung/werbesprache/anzeigenwerbung/mmf/images/werbeinformationen_bg.jpg

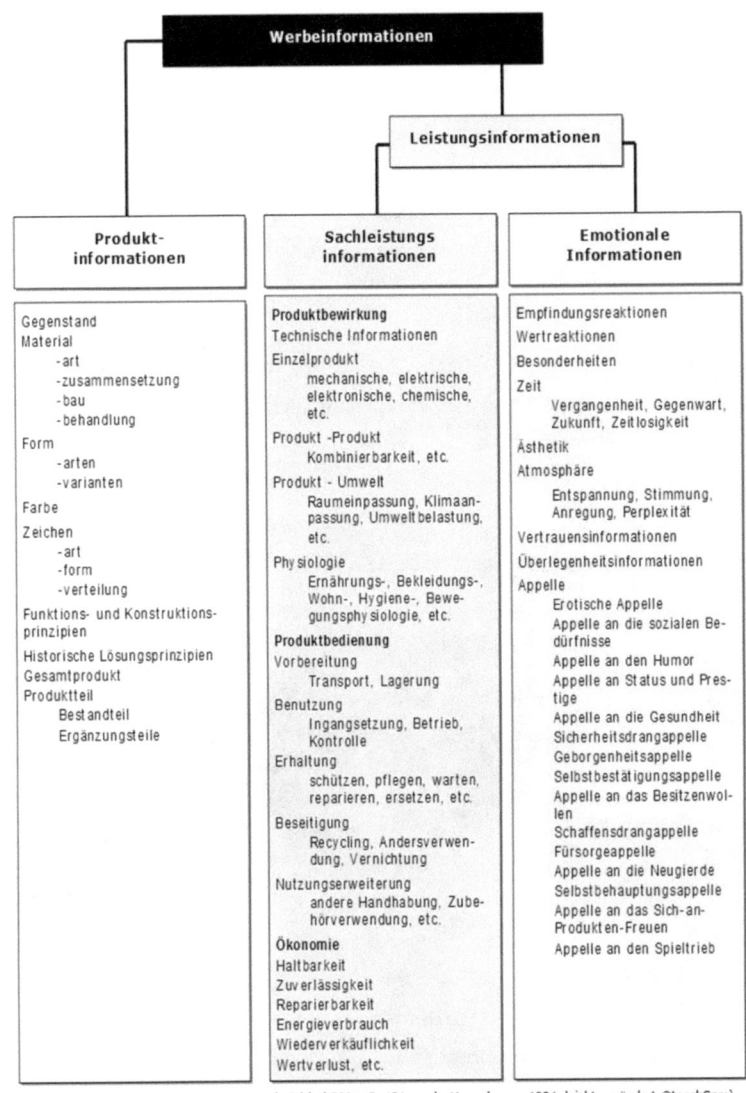

Vgl. Schierl 2001, S. 121, nach: Koppelmann 1981, leicht verändert ©teachSam)

Beinhaltet die Werbeanzeige Apelle? Zum Beispiel Apelle an den Staus oder an Bedürfnisse und Sicherheit?

Meist weckt eine Werbung Wünsche und Sehnsüchte. Auch das kann man analysieren.

In der Synthesestufe 1 und 2 wird das Zusammenspiel der textinternen und textexternen Faktoren betrachtet. Also wie Inhalt und Form zusammenpassen. Welche formale und inhaltliche Argumentation liegt dem Ganzen zugrunde? Welche Teile der Argumentation sollen überzeugen? Sind die textexternen Faktoren aus der Analysestufe 1 wichtig für die Aussage der Werbung? Inwiefern?
Wie wird die Information aus dem Bild im Text umgesetzt?

Die Synthesestufe 3 ist die abschließende Interpretation von Werbeinhalt und Werbeintention. Wie lassen sich das Interpretationsergebnis, die Werbebotschaft und das Werbeziel zusammenfassen?

4.2 Beispiel[9]

Analysestufe 1, Skizzieren der textexternen Faktoren:
- Das Produkt ist der Uhrenbranche zuzuordnen.
- Geworben wird im deutschsprachigen Raum.
- Es handelt sich um ein langlebiges Qualitätsprodukt.
- Konkurrenz: Ja, es gibt viele Uhrenhersteller.

---

[9]https://uhrforum.de/attachments/30129d1243364064-iwc-fake-frage-mal-anders-frau.jpg

- Ein schon bekanntes Produkt („Uhren seit 1868.")
- Zielgruppe: Männer mit viel Geld („Und solange es noch Männer gibt.")
- Es wird emotional geworben.
- Uhr springt zuerst ins Auge, Uhr und kurze Headline ziehen Aufmerksamkeit auf die Anzeige.

Analysestufe 2, Struktur, Aufbau und Form:
- Die Anzeige enthält eine Headline, ein Logo (IWC-Schriftzug), einen kurzen Slogan, ein Bild des Produktes, aber keinen Fließtext.
- Headline: die knappe Botschaft lautet: Die IWC-Uhr funktioniert perfekt und sieht auch noch gut aus.
- Als stilistische Mittel werden Ellipsen und Provokation verwendet.
- Produkt ist auffällig und groß in der Mitte platziert, sieht edel und ordentlich aus.
- Auch die farbliche Gestaltung ist schlicht und aufs Wesentliche beschränkt.

Analysestufe 3, Inhalt und Bedeutung der Textteile:
- Man(n) assoziiert auf den ersten Blick Erfolg, Status, Prestige, Luxus.
- Text (Headline) enthält nur Leistungsinformationen über die Uhr, keine Produktinformation, sondern eine bloße Feststellung, dass sie „richtig tickt".
- Sachleistungsinformation: Uhr läuft richtig.
- Emotionale Information: Ästhetik, Erotik; Appell an Humor durch die Provokation.
- Es wird der Wunsch nach Luxus geweckt.

Synthesestufe 1&2, Zusammenspiel der textinternen und textexternen Faktoren:

- Form und Inhalt wirken dadurch zusammen, dass beides schlicht gehalten ist und das Wesentliche auf den Punkt gebracht ist.
- Man sollte das Produkt kaufen, weil es richtig funktioniert und schön ist; zugespitzt gesagt, sogar als Ersatz für eine schöne aber komplizierte Frau dienen könnte.

Textexterne Faktoren sind wichtig, da die traditionsreiche Marke für Qualität und Zuverlässigkeit steht.

- Information aus Text wird im Bild umgesetzt, weil man einen Blick auf die schöne Uhr hat (weil sie „fast so schön wie eine Frau" sein soll) ; das Foto ist sehr ansprechend und setzt die Perfektion der Uhr gut in Szene; sie wirkt fast verführerisch.
- Die kurze Form des Textes spiegelt die von Männern bevorzugte knappe Form der Kommunikation wider.

Synthesestufe 3, Abschließende Interpretation:
- Interpretationsergebnis: Die Werbung zeigt Verständnis für die Probleme, die Männer mit Frauen haben, spricht den Männern humorvoll aus der Seele und bietet eine „einfache" Lösung an.
- Werbebotschaft: „Kaufen Sie die Uhr, da sie gut funktionieren wird und dazu auch noch gut aussieht. Unsere Marke existiert seit 1868 was für Qualität und Erfolg spricht."
- Werbeziel: Wunsch beim Kunden wecken, Schönheit ohne komplizierte Charaktereigenschaften zu besitzen. Kunden zum Kauf anregen.

5. Schlussbetrachtung

Die Werbesprache ist also ein wichtiger Teil der Werbung. Ohne sie könnte die Werbung nicht immer die gewünschte Aufmerksamkeit auf sich ziehen und die Kunden überzeugen. Durch die vielen stilistischen Mittel und sprachliche Spielereien wird die Werbung anschaulich und interessant. Denn eine witzige und prägnante Werbung beispielsweise, ist leichter zu lesen und einzuprägen als ein Informationstext ohne sprachliche Aufwertung.

6. Literatur- und Quellenverzeichnis

Verlag an der Ruhr: Uwe-Carsten Edeler - Wie man Werbung macht, 2004

Blatt, „Schein oder Wirklichkeit?" - Stifung Medienpädagogik Bayern

Blatt, www.verbraucherbildung.de

http://www.zaw.de/doc/Emotionen-Frankfurt-6-06.pdf

http://www.sueddeutsche.de/wirtschaft/erfolg-durch-werbesprache-am-anfang-ist-das-bild-am-ende-bleibt-das-wort-1.513133

http://varietatendeutschersprache.blogspot.de/2014/06/besonderheiten-und-charakteristika-der.html

http://www.lpr-hessen.de/werbung/texte/lipws.html

http://www.gleichsatz.de/b-u-t/begin/betz1.html

http://www.teachsam.de/pro/pro_werbung/werbesprache/pro_werbung_spr_0.htm

Bild: Werbeinformation
http://www.teachsam.de/pro/pro_werbung/werbesprache/anzeigenwerbung/mmf/images/werbeinformationen_bg.jpg

Bild: Uhr
https://uhrforum.de/attachments/30129d1243364064-iwc-fake-frage-mal-anders-frau.jpg

BEI GRIN MACHT SICH IHR WISSEN BEZAHLT

- Wir veröffentlichen Ihre Hausarbeit, Bachelor- und Masterarbeit
- Ihr eigenes eBook und Buch - weltweit in allen wichtigen Shops
- Verdienen Sie an jedem Verkauf

Jetzt bei www.GRIN.com hochladen und kostenlos publizieren